I0134280

Antonio Mira de Amescua

El conde Alarcos

Edición de Vern Williamsen

Barcelona **2024**
Linkgua-ediciones.com

Créditos

Título original: El conde Alarcos.

© 2024, Red ediciones S.L.

e-mail: info@linkgua.com

Diseño de cubierta: Michel Mallard.

ISBN tapa dura: 978-84-1126-278-1.
ISBN rústica: 978-84-9816-249-3.
ISBN ebook: 978-84-9897-206-1.

Cualquier forma de reproducción, distribución, comunicación pública o transformación de esta obra solo puede ser realizada con la autorización de sus titulares, salvo excepción prevista por la ley. Diríjase a CEDRO (Centro Español de Derechos Reprográficos, www.cedro.org) si necesita fotocopiar, escanear o hacer copias digitales de algún fragmento de esta obra.

Sumario

Brevísima presentación

La vida

Antonio Mira de Amescua (Guadix, Granada, c. 1574-1644). España.
De familia noble, estudió teología en Guadix y Granada, mezclando su sacerdocio con su dedicación a la literatura. Estuvo en Nápoles al servicio del conde de Lemos y luego vivió en Madrid, donde participó en justas poéticas y fiestas cortesanas.

La trama de *El conde Alarcos* tiene su origen en un romance anónimo. Existen numerosas versiones de la obra y entre ellas destacan las de Lope de Vega, Mira de Amescua y José Jacinto Milanés. Lope tituló su obra La fuerza lastimosa, y situó la acción en Irlanda dando a su conde otro apellido. Mira de Amescua sitúa el argumento en la corte francesa. Y Milanés escoge el siglo XII para su versión de la obra. La trama del Romance del conde Alarcos se resume en este fragmento del poema:

Personajes

Rey
El Conde Alarcos
El Marqués de Mantua
Ricardo
Gil, villano gracioso
Tirso, villano
Silvio, villano
Infanta, dama
Blanca, dama
Blancaflor, su hija
Porcia, dama
Bartola, villana graciosa
Pascuala
Músicos

Jornada primera

(Hacen ruido de caza dentro y salen la Infanta con venablo y Porcia.)

Infanta	¡Qué dichosa hubiera sido,
	Amor, si tú no supieras
	que son celos y no fieras
	los que al monte me han traído!
	¿Quién podrá decir que celos
	me traen fatigando montes
	que en alegres horizontes
	son columnas de los cielos?
Porcia	Yo a lo menos lo dijera.
Infanta	¿La caza y amor no son
	de distinta condición?
Porcia	Di, ¿cómo?
Infanta	De esta manera:
	Al conde Alarcos amé.
	Afición es peregrina.
	Fuerza de estrellas me inclina.
	Resistí, y en vano fue.
	Creció amor. Súpolo el conde;
	que mis ojos sin temor
	fueron lenguas, porque amor,
	cuando calla, no se esconde.
	Prometíle ser su esposa,
	y cuando a razón como ésta
	esperaba una respuesta
	dulce, alegre y generosa,
	dudoso me niega el sí,

huye tímida la mano.
Ya que bien tan soberano
le turbaba atribuí
   sus dudas, pero después...
—aquí el alma se me arranca—.
Sospeché que amaba a Blanca.
No es sospecha, verdad es.
   Fuése a la guerra y, ausente,
celos y amor me embistieron;
que afectos en mí no fueron
sino una pasión ardiente.
   Dejó la guerra vencida
el conde con su prudencia;
Blanca me pidió licencia
cuando supo la venida.
   Enferma vino a esta aldea
según dijo, y yo imagino
que a esta soledad se vino
para que el conde la vea.
   Mi envidia, en efecto, lucha
con recelos inhumanos.

(Salen Gil y Bartola, villanos.)

Porcia   Acá salen dos villanos.

Infanta   Pues, retírate y escucha.

Cantan

Bartola   «Si era hermosa la mañana,
                  más hermosa era la aldeana.»

Gil   «Que si linda es la parida,

10

las torrijas son más lindas.»

Bartola   Suelta el prato, Gil.

Gil   ¿También
suelen las que paren hijas
almorzar de estas torrijas?
A fe que me saben bien;
    linda cosa es el parir
si de éstas se han de almorzar.

Bartola   ¿Y el dolor?

Gil   Así, apretar
bien los dientes y sofrir.

Bartola   Dame siquiera una sola.

Gil   ¡Oh, qué presto que acodiste!
Dime, ¿cómo las oliste
si no hay narices, Bartola?

Bartola   ¡Cómo engulles!

Gil   ¿Por qué no?
Cuando señora paría,
y la comadre decía,
«aprieta», apretaba yo,
    teniéndola de manera
que en gran peligro nos vimos.
Pero en efecto parimos
yo, señora y la partera.

Infanta   Porcia, ¿los has entendido?

Porcia	Bien, señora.
Infanta	¡Labradores!
Gil	No se irá la fiesta en frores;
	las torrijas han olido.
	Ya se acaban, yo me esfuerzo.
	Éstas vienen con venablos.
	¿Habéis parido? ¡Diablos!
	¿Tres acodís a mi almuerzo?
Infanta	¿Cómo se llama esta aldea?
Bartola	Selva Florida se llama.
Gil	¡Y a fe de Gil que la dama
	que lo pregunta no es fea!
	Bartola de Bercebú,
	juro a esta cruz, ¡vive Dios!,
	y vuelvo a jurar, ¡por Dios!
	Es más hermosa que tú.
(A la Infanta.)	Si antes hubiera venido,
	almorzara, por mi fe,
	muy a su sabor.
Infanta	¿Y qué?
Gil	Torrijas, que hemos parido
	y alegramos el suceso.
Bartola	¡Calla, necio!
Gil	¿Soy bobillo?

12

Yo tenía de decillo.
Bonico so para eso.

Infanta   ¿Quién ha sido la parida?

Gil   La señora del lugar.

Infanta   ¿Qué decís?

Gil   Bien sé callar;
no dije chisme en mi vida.

Infanta (Aparte.)   (Escuchando estos rigores,
toda el alma se me abrasa.)

Gil   Parió la otra en su casa,
¿y sentís vos los dolores?

Infanta   ¿De quién parió?

Gil   De mil modos
se cuenta.

Infanta (Aparte.)   (¡Ay, amor cruel!)

Gil   Cuál dice éste, cuál aquél;
mas yo pienso que es de todos.
(Aparte.)   (Como purga es un secreto;
callar será reventar.
Déjame Bartola hablar.)

Infanta   Sois labrador muy discreto.

Gil   Sí, señora.

13

Infanta	¿Y qué ha parido?
Gil	Una niña como el Sol.
	No es tan bello su arrebol
	cuando del alba ha nacido.
	Lindo pelo, ojos bracos,
	blancos y negros. Su madre
	ya se levanta.
Infanta	Y su padre,
	¿quién es?
Gil	Un conde Zalacos.
Infanta	¡Calla, traidor!
Bartola	¿Qué dijiste?
Gil	Yo, ¿qué he dicho?
Infanta	Airados cielos,
	¿rayos dais en vez de celos?
	Muerta soy. ¡Ay de mí, triste!

(Sale Ricardo.)

Ricardo	Ya era tiempo que te halle
	el que siguiéndote viene.
	Desde esa cumbre, a quien tiene
	miedo y respeto este valle,
	calar la salva te vi
	con espíritu gallardo.

Infanta	Aún no me hallaste, Ricardo,
	porque yo no estoy en mí.
(Sale Blanca.)	
Blanca (Aparte.)	(La infanta es ésta. ¡En qué extremos
	de cuidado y pena asisto!)
Porcia	Blanca sale y ya te ha visto.
Infanta	Pues, dolor, disimulemos.
Blanca	¡Señora! ¿En Selva Florida
	vuestra alteza? Vos, señora,
	¿hacéis campos de la aurora,
	hacéis reinos de la vida
	estos valles? ¿Vos aquí,
	o con cuidado y acaso,
	produciendo a cada paso
	una rosa, un alhelí?
	Dadme la mano.
Infanta	Levanta.
Blanca (Aparte.)	(¿Qué venida es ésta, cielos?
	Cuidados miro y recelos
	en el rostro de la infanta.)
Infanta	Blanca, ¿cómo estás?
Blanca	Señora,
	habiéndote visto, buena.
Infanta (Aparte.)	(¡Que se disimule pena

que siglos creció en una hora
y es de males un abismo!)
Yo la madrina seré.

Blanca   ¿Madrina? ¿Cómo? ¿De qué?

Infanta   Luego, ¿está hecho el bautismo?

Blanca   ¿De quién?

Infanta   De la niña.

Blanca (Aparte.)   (Muerte,
agora, agora pudieras
embestirme, sin que fueras
terror de la humana suerte.
      ¡Ah, villanos!) Yo no entiendo,
mi señora, lo que dices.
(Aparte.)   (¡Qué casos tan infelices
está el alma previniendo!)

Infanta   No te turbes, que bien sé.

Blanca   ¡Habla más paso, por Dios!
Retírate de estos dos.
No me injuries.

Infanta   Hija fue
de tu esposo. ¿Qué cuidados
puede dar? Nunca el Amor
fue contrario del honor
cuando están acompañados.
      Bien sé que la niña es tal
que, ya llore o ya se ría,

a la aurora desafía
en belleza celestial.

Blanca (Aparte.)   (¡Ah, traidores!)

Infanta   De tal rama
yo he de amparar la fortuna.

(A Ricardo.)   ¿Oyes? Entra, y en la cuna
o entre los brazos del ama
   hallarás la flor de lis
sexta de Francia. En secreto,
con cuidado y con respeto
la llevarás a París.
   Yo te la quiero criar.
A ser mi hija comienza.

Blanca   Si honestidad y vergüenza
me dan licencia de hablar,
   señora, el conde es mi esposo,
y nos dimos con las manos
los alientos soberanos
de las almas. Fue dichoso
   en esto mi pensamiento,
pues se ve correspondido
mi mucho amor, y excedido
mi propio merecimiento.
   En dulce correspondencia
fue mi dueño, y suya fui.
Solo has de culparme a mí
si esto fue sin tu licencia.
   Pero ya que lo has sabido,
del silencio no te quejes.
Suplícote que me dejes
lo que de ambos ha nacido

para que yo en esta aldea
a los pechos del amor,
criar pueda a Blancaflor,
que éste es su nombre.

Infanta (Aparte.)   (¡Que sea
mi fortuna tan ingrata
que yo miro, escucho y hablo
sin que atraviese el venablo
a la fiera que me mata!)
Yo la tengo de criar,
que en esto puse mi gusto.

Blanca (Aparte.)   (Replicar no será justo.)
Los pies te quiero besar
por la merced.

(Sale Ricardo con la niña.)

Ricardo   Ya la llevo.

Blanca   Déjame verla.

Infanta   Despacio
la veremos en palacio.

Blanca   ¡Oh, infanta, cuánto te debo!

Ricardo   ¡Mil bendiciones te den!
Cara tienes de alegría;
ya, como si fueras mía,
empieza a quererte bien.
El cielo dé a tu belleza
larga edad que se repita,

y con tus años compita
la misma naturaleza.
    Tu juventud y beldad
vivan en verano eterno,
sin que se atreva el invierno
de la vejez a tu edad
    porque el tiempo mal ofende
lo que inmortal debe ser.

Infanta   Prevénte para volver
                 a palacio.

(Dentro ruido.)

Porcia   El rey desciende
                    al valle.

Blanca   Esta villanía
                 no ha sido, traidores sola.

Gil   La culpa tiene Bartola
                 que yo callaba y comía.

Bartola   Yo tenía de decillo.
                 Estaba, señora, loca.
                 Plegue al cielo que la boca
                 se me vuelva al colodrillo.

Gil   Amén muchas veces digo.
                 Buena estarás de ese arte.

Bartola   ¿Por qué, Gil?

Gil   Por no besarte

si me casare contigo.

(Vanse los [tres] y salen el Rey y el Marqués.)

Rey   ¡Marqués de Mantua!

Marqués   ¿Señor?

Rey   La infanta está aquí.

Marqués (Aparte.)   (Y la ingrata
que con sus desdenes mata
de amores al mismo Amor.)

Rey   Hermana, yo te perdí
dichosamente.

Infanta   ¿Por qué?

Rey   Porque la cueva encontré
donde vive Malgesí.

Infanta   ¿Hablóle tu majestad?

Rey   De años y ciencia cargado,
al monte se ha retirado.
Lo que me pasó escuchad:
   Seguí un ciervo herido, que en la frente
llevaba un árbol seco, y parecía
que en los brazos del viento diligente
un pino de esos montes se movía.
Corrió a teñir de púrpura una fuente
donde su sangre en el cristal bebía,
dulces las ansias del morir haciendo

pues con ardiente sed murió bebiendo.
   De un peñasco, que al Sol agravios hace,
tiene el cristal su descendencia clara,
porque en su cumbre despeñado nace
y hasta humillarse al Ródano no para.
En laberintos de estas sendas yace
del sabio Malgesí la gruta rara,
tan admirable, oculta y tan incierta,
que la sirven las aguas de antepuerta.

   Sin temor de fantásticos agravios
penetré las corrientes vidrieras,
y vi la gruta llena de astrolabios,
de pedazos de estatuas y de esferas.
Entre libros, que son los mudos sabios,
esqueletos miré de hombres y fieras.
Horror daban las sombras y podía
temblar de ellas la luz, forma del día.

   En sus lóbregos senos me han llamado
hijo de Carlo Magno, y era un viejo
que con su larga vida ha porfiado,
hijo del tiempo, padre del consejo.
Después de haberme el sabio agasajado.
«Mírate —dijo— oh Rey, en ese espejo.»
Miréme, y no me vi entre sus cristales,
que fueron los reflejos celestiales.

   Una hermosura vi tan soberana
que su deidad a adoración provoca,
de Sol, marfil de oro, nieve y grana
ojos, cuello, cabello, frente y boca.
Aquí mi admiración, o ciega o vana,
al espejo da vuelta, el cristal toca.
Un niño pareció que asir procura
lo que al espejo ve, que es su figura.

   ¡Oh, singular mujer! Ya tu belleza

impresa se quedó en mi fantasía;
copiar podrá de ti naturaleza
cuantos prodigios de hermosura cría.
Si tal era la concha y la corteza,
la perla y la médula, ¿cuál sería?
Yo pienso que entre abismos de luz pura
es la sombra del alma su hermosura.
    Díjome Malgesí: «La que has mirado,
aunque le pesa a la fortuna ingrata,
para tu esposa te previene el hado.
El tiempo esta fortuna te dilata;
mas vive sin casarte confiado,
mientras al oro no peinares plata».
Y así pienso adorar eternamente
esta hermosura que copié en la mente.

Infanta   ¡Grave prodigio!

Marqués   ¡Espejo milagroso!

Infanta (Aparte.)   (¡Oh, quién mirara en él mis males fieros!)

Marqués (Aparte.)   (¡Quién viera en él si yo seré tu esposo!)

Voces   ¡Un oso baja al valle!

Rey   Los monteros
siguen con los lebreles algún oso,
y yo a matar saldré con los aceros
la fiera.

Voces   ¡Que desciende el oso al valle!

Rey   ¡Dile a esa gente bárbara que calle!

(Vanse y sale el conde Alarcos.)

Conde   Dé a los caballos el prado,
hierba y flores mientras vengo.
Nuevos espíritus tengo,
Amor, después que he llegado
a esta aldea; que es sagrado,
que es depósito del día,
que es centro del alma mía,
que esfera es de la luz bella
y epiciclo de la estrella
que me influye y que me guía.
   ¡Oh, Blanca, cuánto me debes!
¡Oh, Blanca, cuánto te debo!
A rayos de Sol tan nuevo,
¿qué cuidados no son leves,
y qué siglos no son breves?
¿Qué desmayo no es aliento,
y qué pesar no es contento?
Todo es alegre contigo.
¡Con qué afectos que lo digo!
¡Con qué fuerzas que lo siento!

(Sale Gil.)

Gil   ¿Yo desterrado? ¡Eso no!
¿Qué dirá quien me topare?
Si ella pare o si no pare,
¿qué culpa tengo yo?
Páguelo quien lo comió.

Conde   ¿Está en casa Blanca bella?

Gil	No me pescude por ella;
	que es una mujer perdida.
	De un marqués está parida,
	y el tal hombre vino a vella
	y se llevó a Blancaflor.

Conde	¡Ten, traidor, le lengua muda,
	que te mataré!

Gil (Aparte.)	(Sin duda
	que éste ha sido el malhechor!)
	¡Señora! Aquí está señor.
	Rebuscar quiere la viña.
	Esté alegre, no me riña.
	¡Albricias, albricias pido!

(Sale Blanca.)

Blanca	Necio, ¿de qué?

Gil	Que ha venido...

Blanca	¿Quién?

Gil	El padre de la niña.

Blanca	Tus simplezas maliciosas
	ya no se pueden sufrir.

Conde	Al alba he visto reír,
	llorando perlas y rosas,
	en estas selvas hermosas.

Blanca	¿Qué mal puede haber tras esto?

24

Y a un dulce amor tan honesto,
¿quién los brazos le negó?

(Abrázale.)

Gil

¡Toma! ¿No lo dije yo?
Más torrijas habrá presto.

Blanca

Mi dueño, conde y señor,
¿cómo vienes?

Conde

Blanca mía,
como el que espera y confía
con cuidado y con amor,
vencido si vencedor.
Vencido de tu hermosura,
de tu fe constante y pura,
vencedor como soldado
y, en efecto, enamorado
con razón y con ventura.

Blanca

Yo, conde y esposo mío,
pedí a la infanta licencia.
Harto ha sido que en tu ausencia
tuviese valor y brío.
A esta isla que hace el río
me vine muerta de amores,
y apenas sentí dolores
cuando mis ojos miraron
una niña que envidiaron
las estrellas y las flores.
    A la luz primer, al paso
primero que dio en la vida,
llorar la vi enternecida,

como si fuera al ocaso.
Y a no ver que en este caso
son comunes perlas tales,
pensara que eran señales
de desdichas con razón;
pero no, que en todas son
las lágrimas naturales.
  Lloró al fin; y yo reía
con gozo de ver, señor,
que era tuya Blancaflor.
No me acordé que era mía.
La infanta, al fin, no la cría,
porque de ello fue gozosa.
¡Que soy tuya y soy dichosa!
¿El color has demudado?
¿Qué tienes? ¿Qué te ha turbado?

Conde   ¡Oh, fortuna rigurosa!

Blanca   Conde, ¿recibes pesar
de verte con prendas mías?
¿Te enfadan mis alegrías,
y te has cansado de amar?

Conde   Blanca, no, pero al contar
que tuviste por mi amor
dolor y gozo mayor,
me ha quitado el alborozo
de la memoria del gozo
la memoria del dolor.

Blanca   Fue, conde, gran turbación.
No disimules conmigo.

Conde	Mal hiciera, y así digo que, con ciega inclinación me descubrió su afición la infanta, y agora temo que este favor tan supremo no pare en algún pesar, pues no sentir es pasar de un extremo en otro extremo.
Blanca	Es ciega desconfianza; que es un ángel soberano. Vuelve a dar esa mano.
Conde	Sí, daré, con esperanza de que no ha de haber mudanza en mi dicha, y pediré que en público te la dé por merced al rey.
Blanca	Señor, bien lo merece mi amor. [.................. -e].
Conde	Tuyo he de ser.
Blanca	¿Aunque pese a la infanta?
Conde	Sí, señora.
Blanca	¡Gran dicha!
Conde	De quien te adora.

Blanca	¡Dulce bien!
Conde	Mi fin es ése.
Blanca	¡No cese tu amor!
Conde	¡No cese!
Blanca	Vete, pues.
Conde	Contigo quedo.
Blanca	¿Vas sin miedo?
Conde	Voy sin miedo.
Blanca	Juntos vamos.
Conde	¿Quién?
Blanca	Los dos.
Conde	Pues adiós, mi Blanca.
Blanca	Adiós.
Conde	¿Olvidarásme?
Blanca (Vase el Conde.)	No puedo. No podré olvidar, bien digo, aunque se caigan los cielos; pero podré tener celos disimulados contigo. ¡Ay, esposo! ¡Ay, dueño amigo!

¡Cómo me has dejado lleno
el corazón de veneno!
¿Que la infanta quiere así?
¡Tened lástima de mí
alto monte, valle ameno!
    No quise desconfiar
y encubrí la pena mía.
¿Qué amante que desconfía
da lecciones de estimar?
Agora salga el pesar
que en el corazón me dejas,
pues de mis ojos te alejas.
Salgan, salgan como entraron
pero, ¿cuándo se aliviaron
los pesares con las quejas?
    A palacio vuelvo. Cielos,
hija y esposo me llevan,
permitid que no se atrevan
más a mi amor estos celos.

(Salen Gil y Bartola a la puerta.)

Gil   Blanca está llorando duelos.

Bartola   Unos van y vienen otros.

Gil   Aquí, aquí estamos nosotros.
                   ¿Qué tienes?

Blanca   ¡Celos tiranos!
                   ¿Todo lo escucháis, villanos?
                   ¡Dios me libre de vosotros!

(Vanse y salen el Marqués y la Infanta.)

Marqués	Ya que volviste a palacio,
	dejando montes y fieras,
	oír, señor, pudieras
	más atenta y más despacio
	mis quejas y tus mudanzas,
	mi desdicha y tu crueldad.
Infanta	¿Cómo ha de tener piedad
	quien de muertes y venganzas
	alimenta el pensamiento?
	¿He de escuchar con rigor
	lo que tú llamas amor
	y yo llamo atrevimiento?
	¿Cuándo usó discreto amante
	de lenguaje tan villano?
	Sed, marqués, más cortesano;
	habladme de aquí adelante
	en estilo superior.
	El que sirve y galantea,
	ni se queja ni desea,
	ni aún ha de nombrar amor.
Marqués (Aparte.)	(Con sus desdenes me cela.)
	¡Qué rigor!
Infanta (Aparte.)	(El conde viene,
	y a la puerta se detiene.
	¡Aquí industria, aquí cautela!)
	Pues que tú y Blanca, marqués,
	bien os queréis, a mi hermano
	suplicaré que la mano
	sin más dilación le des
	que esto conviene a su honor.

(Sale el Conde.)

Conde (Aparte.)   (¿Qué es esto que escucho, cielos?)

Marqués (Aparte.)   (Si es que son hijos los celos
de la envidia y del amor,
   quien celos pide amor tiene.
Ni negar ni conceder
será bien.) Podrás hacer;
mas voyme, que el conde viene.

(Vase.)

Infanta   Conde, bienvenido seas.
Novedades hallarás,
pero después lo sabrás,
cuando de espacio me veas.
   Aunque tú todo lo alcanzas
con discurso y con razón,
desdichas de Blanca son
no solamente mudanzas.
   El marqués de Mantua y ella...
Ya me voy, que viene gente.

(Aparte.)   (Industria ha sido valiente
contra el rigor de mi estrella.)

(Vase.)

Conde   Sin duda que es el mayor
tormento que el hombre alcanza,
pasar de la confianza
a la duda y al temor.
Verse un alma con amor,

fe segura y satisfecha,
cercada de una sospecha
rigor es, y tan extraño
que si viene el desengaño
casi, casi no aprovecha.
    Blasoné del más dichoso,
presumí del más querido;
ni temí favorecido,
ni correspondí quejoso.
Ya infelice y sospechoso,
sin confianza ninguna,
de la esfera de la Luna
caí en brazos del temor;
porque va dando al Amor
los pasos de la Fortuna.
    Al rey quiero suplicar
que me dé a Blanca, y si ella
sin dudar, alegre y bella,
la mano me llega a dar,
no tengo qué sospechar;
no ama al Marqués, porque es llano
que no vive un cuerpo humano
teniendo, con división,
en un puesto el corazón
y en otro puesto la mano.

(Sale el Rey.)

Rey   Conde, tus brazos aguardo.
Blasonando eternamente
de soldado tan valiente
y de francés tan gallardo.
    En hora dichosa vengas,
pues, como César, venciste.

Tus victorias me escribiste;
laureles dichosos tengas,
   conde amigo.

Conde   El que en tu boca
mereció ese nombre oír,
bien se atreviera a pedir...

Rey   La mitad del reino es poca.

Conde   Blanca, señor...

Rey   No prosigas,
ni explicarse amor pretenda;
que basta que yo lo entienda.
No es menester que lo digas.

(Salen la Infanta y Blanca.)

Infanta   ¡Por vida del rey mi hermano,
y por los cielos, que es más
juramento, que si das
al conde Alarcos la mano,
   y te arrojares a ser
suya, que el alma te aflija,
dando la muerte a tu hija,
pues la tengo en mi poder!
   Ya publiqué mi venganza,
ya he confesado mis celos,
ya he jurado por los cielos.
Ni clemencia ni mudanza
   puedes esperar de mí.

Blanca   Mal puede haber tiranía

en quien es la luz del día.

Infanta   No me has de obligar así.
    Entre enojos y pesares,
necias las lisonjas son;
la mayor obligación
será si no te casares.

Blanca   ¿Y cómo quieres, señora,
que aventurando mi honor,
no corresponda al amor
de quien me estima y me adora?

Infanta   ¡Bárbara, calla esa injuria,
y a tu mal los labios no abras,
porque son esas palabras
alimentos de mi injuria!

Blanca   A quien eres corresponde.
Señora, ¡ten compasión!

Infanta   Ésta es ya resolución:
o sin hija o sin el conde.

Rey   Blanca hermosa, a tus cuidados,
que en la memoria los tengo,
dichoso dueño prevengo
que dejará coronados
    de blasones y trofeos
los timbres de tus mayores.

Blanca (Aparte.)   (Aquí logro mis amores.)

Infanta (Aparte.)   (Aquí mueren mis deseos.)

Rey
　　　　　　Al conde tiene aquí.
Menos dueño no mereces.
Si mi cuidado agradeces,
dale la mano.

Infanta (Aparte.)
　　　　　　　(¡Ay, de mí!
Si se desposa con él,
seré asombro de mujeres.)

Blanca
　　Dime, señora...

Infanta
　　　　　　¿Qué quieres?

Blanca
　　¿Y que serás tan cruel?

Infanta
　　No provoques mi paciencia.
Daré ejemplos de crueldad.
Aspid seré sin piedad.
Tigre seré sin clemencia.
　　¡A tu hija daré muerte,
y aún te la daré a comer!

Blanca (Aparte.)
　(Amor, ¿qué tengo de hacer?
¡Trance es riguroso y fuerte!
　Confusa estoy. Estoy loca.
¡Perdida soy, ay de mí!
Cuando quiero decir «sí»
me cierra un hijo la boca.
　Tiéneme el amor tirano
entre la gloria y tormento,
como el enfermo sediento
que tiene el agua en la mano,
　cuando los labios se arrojan

a beber, el corazón,
temiendo su perdición
les detiene; ellos se mojan,
    y queriendo proseguir,
el temor los embaraza,
la fiebre los amenaza;
y entre el beber y el vivir
    mira luchando a sus ojos,
con la dudosa inquietud,
las ansias de la salud
y el rigor de sus antojos.
    Así yo, triste, así yo
temo, dudo y me fatigo.
«Sí» quiero decir, y digo
un «sí» que no es «sí» ni «no»;
    porque en estos accidentes,
aunque el alma le ha firmado,
se queda mal explicado
entre la lengua y los dientes.)

Conde (Aparte.)   (Este silencio es dudar.
esta duda es no querer.
¿Si la ha turbado el placer?
¿Si la suspende el pesar?
    Amor, ¿qué he de presumir?
¿Qué es turbación? Mas, ¡ay cielo!,
hallar en todo consuelo
no es bondad, es no sentir.
    Si la mano señal es
que al alma se corresponde,
será la mano del conde,
siendo el alma del marqués.
    Reloj es desconcertado
Blanca en sus acciones ya,

porque la mano no está
en el número que ha dado.
   ¡Ay, desengaño cruel,
y qué tarde que viniste!)

Rey   ¿Cómo, Blanca, enmudeciste?
Pálido he visto el clavel
  de tus mejillas. Responde.
¿Qué tienes? ¿Qué te ha turbado?

Blanca   Señor, el haber callado
me ha de agradecer el conde.
   Si en la merced que me has hecho
conozco el honor que gano,
no le negaré la mano,
sí, abrí las puertas del pecho.

(Aparte.)   (Pero soy tan desdichada.)
Dame, señora, licencia.

Infanta   A prueba de mi paciencia
estás, Blanca, porfiada.
   ¡Mira lo que haces!

Blanca (Aparte.)   (¡Embistan
mil tiranos desvaríos!
Valor tengo y tengo bríos
que tus crueldades resistan.
   Deshoje, pues, tu rigor
un clavel recién nacido;
que con hija y sin marido,
no queda bueno mi honor.

(Al Rey.)   Por dueño al conde he aceptado;
digo mil veces que sí.

Conde   Déjame pensar a mí
                         pues tú, Blanca, lo has pensado.

Rey   Si el casarse es bueno y santo,
                         malo es sin duda también.
(Aparte.)   (Pues que, queriéndose bien,
                         éstos dos lo temen tanto,
                            bien hago yo en dilatar
                         a mi juventud gallarda
                         bodas que mi reino aguarda
                         y que tarde ha de lograr.)

Conde (Aparte.)   (De sí mismo desconfía
                         el que de Blanca ha dudado,
                         pues es decir que ha pensado
                         que yo no la merecía.)
                            La mano, Blanca, te doy.

Blanca   Y yo, para agradecerte,
                         el alma.

Infanta (Aparte.)   (¡Echada es la suerte!
                         ¡Atrevióse! ¡Muerta soy!
                            Si es mi dolor sin segundo,
                         si son locos accidentes,
                         seré grima de las gentes,
                         asombro seré del mundo.)

(Habla con Ricardo al oído.)

                         ¿Oyes, Ricardo?

Conde   Señora,
                         cuanto el Sol mira eminente

en los mares del poniente
y los mares del aurora
  me da alegre el parabién.
Dije mal. Todas las cosas,
o corridas o envidiosas
mis glorias inmensas ven.

Blanca
    Conde, tu amor reverencio,
mas cuando en ilustro modo
no se puede decir todo
es retórico el silencio.

Conde
     Dénos vuestra majestad
la mano.

Rey
       Viváis los dos
muchos años. Tomad vos,
y vos, Blanca, levantad.

Conde
     A la infanta, mi señora,
pidamos también la mano.

Infanta
¿Qué te casaste, villano?

Conde
   Sí, porque Blanca me adora.

Infanta
  ¿Y mi amor?

Conde
      No lo creí.

Infanta
¿Y mi esperanza?

Conde
     Fue flor.

Infanta	¿Y mis favores, traidor?
Conde	Nunca yo los merecí.
Blanca	Déme tu alteza la mano.
Infanta	Que os dé la mano bien es la que os ha de dar después el castigo más villano.
Blanca	En tu clemencia confío.
Infanta	¡Ah, falsa, que me has quitado el esposo que he adorado!
Blanca	¡Ay, señora, que era mío!
Rey	Dale tu mesa este día a Blanca, como se usó en mi palacio, que yo le daré al conde la mía. Regala a la desposada. Agasaja su belleza. Ven, conde.
Conde	Vuestra grandeza viva, señor, envidiada.

(Vanse.)

Blanca (Aparte.)	(Sola he quedado. ¡Ay de mí! De estos favores me pesa.)
Infanta	No está bien aquella mesa

donde está; pasadla aquí.

Blanca (Aparte.)   (Sobresaltos me molestan;
colores turban mi cara.
Estas honras perdonara
por el temor que me cuestan.
    Ya he comenzado a sentir
el corazón tan estrecho
que no me cabe en el pecho.
Latiendo está por salir.)

(Sacan la mesa.)

Infanta (Aparte.)   (¡Qué ame yo sin esperanza!
¡Que adore yo sin remedio!
Montes se ponen en medio.
Pasarálos mi venganza.
    Ningún consuelo promete
el amor en mi pesar,
si no es sufrir y callar.)
Poned ahí un taburete.
    Y cante Porcia, que quiero
aumentar esta tristeza.

Porcia   Siéntese ya vuestra alteza.

Infanta   Dadme aguamanos primero.

(Canta.)

Porcia   «Inhumanos son los celos,
pues a su envidiosa rabia
añade lisonja el ser
ministros de su venganza.»

(Siéntanse la Infanta en una silla y Blanca en un taburete, sirviendo las damas la mesa. Dan aguamanos a la Infanta mientras canta Porcia y Blanca sirve la toalla. Sale Ricardo con un jarro de plata con sangre y un corazón entre platos.)

Ricardo

Dime lo que determinas
que aquí está.

Infanta (Aparte.)

(¡La acción es fiera!)
Déjalo ahí y salte fuera.
(Pone el plato y vase.) Sirvan damas y meninas.
Agua me diste y agora
aguamanos te he de dar.

Blanca

Ése no es modo de honrar
a tu criada, señora.
Yo me lavaré después
de comer.

Infanta

Es ignorancia
si ves que en Italia y Francia
ceremonia y uso es.
¿A las honras que yo ofrezco
qué francesa se negó?

Blanca

¿No se puede excusar?

Infanta

No.

Blanca
(Aparte.)

Pues, si es así, yo obedezco.
([............... -ón]
Honras dadas de esta suerte
halagos son de la muerte,

42

lisonjas de la traición.)
¿Qué agua es ésta?

(Échale la Infanta sangre en lugar de agua.)

Infanta No des voces.

Blanca Dime, señora, ¿qué has hecho?

Infanta No es nada, sosiega el pecho.
Es tuya, ¿no la conoces?

Blanca Dime si ha sido amenaza
o si fue el mismo rigor.
¡Mátame presto el dolor!
Que el alma me despedaza
ver esta sangre en mis manos.

Infanta Es decirte lo que fuera
si tu sangre se vertiera.
Avisos son.

Blanca Y no vanos.
¡Qué sobresalto me has dado!

Infanta Siéntate a comer.

Blanca No puedo,
que la alteración y el miedo
los sentidos me ha quitado.

Infanta Llega. ¡Acaba, impertinente!

Blanca Cuando ve sangre delante,

vuelve atrás el elefante
porque es animal prudente.
    De lo que tu alteza manda,
huír será más cordura.
Si es el agua sangre pura,
¿qué puede ser la vianda?

Infanta   Espanto de poco tienes.
               ¿Obedecerme no es ley?
               Blanca, por vida del rey,
               que me enoje si no vienes.

Blanca   Por excusar tus enojos
               llego, el corazón turbado.
(Aparte.)   (Callad, lengua. Hablad, cuidado.
               Sentid, alma. Llorad, ojos.)

(Vuelve a cantar y siéntase Blanca en el taburete y las damas sirven.)

Porcia   «Hidrópicos del enojo,
               dudan sosiego en la saña
               fingiéndoles su deseo,
               la ejecución amenaza.»

Blanca   ¡Todo es turbación aquí!
               ¿Cuándo se ha dado por fiesta,
               cielos, comida como ésta?
               No acierto al plato, ni en mí
                halla razón mi sentido.
               El alma se ha desmayado,
               la memoria se ha turbado,
               el discurso se ha perdido.

Infanta   ¿Por qué me llamas cruel?

44

Sin turbación ni recato,
come, Blanca, de ese plato.

Blanca   ¡Un corazón hay en él!

Infanta   Sí.

Blanca   ¿De quién?

Infanta   Rigor lo ha hecho
de una flor con su rocío.

Blanca   Antes pienso que es el mío
que faltó al plato del pecho.

Infanta   No pudo ser tan pequeño.

Blanca   Con el miedo sí podía.

Infanta   ¿La sangre no te decía
cúyo es?

Blanca   Parece sueño.

Infanta   ¿Qué dudas? ¿No das en ello?

Blanca   Si lo llego a presumir...
mas si solo he de vivir
lo que tardare en creello
   la vida dilato así.

Infanta   Y yo con esto consigo
mi venganza y tu castigo.

Blanca	¿Luego es de mi hija?
Infanta	Sí.
Blanca	¡Válgame Dios, pensamiento!

¿No os reprime esta violencia?
Que a veces tener paciencia
es falta de sentimiento.
¡Penetrad, voces, el viento!
¡Pedid de esta tiranía
justicia, venganza mía,
a los cielos! Bajad luego.
pues sois rayos hechos fuego
que mi corazón envía.
    ¡Hombres, fieras, montes, cielos,
dadme entre lástimas furia
para vengar esta injuria
de la envidia y de los celos!
Mis ojos son Mongibelos.
¿Cómo esta casa no encienden
y mis quejas no trascienden
las celestes vidrieras?
¿Cómo de las once esferas
iras de Dios no descienden?
    ¿Eres Circe sin piedad?
¿Eres bruto sin temor?
Pero vengar es razón
esta no vista crueldad.
En ti no, que mi lealtad
ha de salir a impedillo,
pero en mi pecho sencillo
se ha de mostrar el rigor,
pues tan poco es su dolor
que hubo menester cuchillo.

Infanta	¡Tened a esa loca presto!

(Vase a dar con el cuchillo y tiénenla las damas, y sale el Rey y después el Conde y el Marqués.)

Blanca	Temerosa es la malicia. ¡Justicia, cielos, justicia!
Rey	¿Quién da esas voces? ¿Qué es esto?
Infanta	Blanca en cuidado me ha puesto. Arrepentida de ser del conde Alarcos mujer perdió el seso.
Rey	Bien decía, cuando dudaba y temía, que era falta de placer.
Blanca	Rey de Francia, hijo dichoso de Carlo Magno, yo espero que has de ser tan justiciero como tu padre famoso. Castiga, rey poderoso, sin que tu sangre perdones, las bárbaras sinrazones de una mujer tan villana que da a beber sangre humana y da a comer corazones.
Rey	¡Qué lástima!
Marqués	¡Qué cuidado!

Conde	Poco duró mi alegría.
	¿Pero qué mucho? Era mía.
Blanca	Si mi mal te ha lastimado,
	¿cómo no te has indignado
	con justicia rigurosa
	contra una fiera envidiosa
	que ha deshojado cruel
	la púrpura de un clavel
	y el corazón de una rosa?
	Conde, dadme vos la muerte
	pues perdimos este día
	el alma que nos unía.
	¡Muera de una misma suerte!
Rey	Mucho me lastima el verte.
	Encerrad a Blanca aquí
	mientras pasa el frenesí.
(Vase.)	
Blanca	¡Que te quedes sin castigo!
Infanta	La tema tiene conmigo.
Blanca	¡Esposo, volved por mí!
Infanta	Conde.
Conde	¿Qué queréis?
Infanta	Mirad
	con quién os habéis casado.

Conde	Sol es. Vos le habéis turbado.
Infanta	No decís, conde, verdad.
Conde	O es desdicha o es crueldad.
Infanta	Es lo que vos no sentís.
(Vase.)	
Conde	Pues yo juro a San Dionís que si fue lo que sospecho, que el incendio de mi pecho ha de abrasar a París.

Fin de la primera jornada

Jornada segunda

(Sale el Conde solo.)

Conde
          Varios pensamientos son
los que batallan conmigo.
¡Cómo es terrible enemigo
la propia imaginación!
      Pensamientos tan violentos,
¿qué queréis? ¿Qué desvaríe
y de Blanca desconfíe?
¡Eso no, mis pensamientos!
      Aunque en mí juntando esté
mi pensamiento tirano
lo que me dijo el villano,
lo que a la infanta escuché,
      lo que me advirtió celosa,
lo que el marqués respondió,
lo que Blanca se turbó
lo que se quejó furiosa,
      ni he de dudar ni sentir
un átomo de pesar.
Y esto no ha sido dudar
no fue sino discurrir.
      Dejadme, vanos antojos.
Ninguno guerra me dé.
A Blanca quiero por fe.
Amor, cerramos los ojos.

(Sale Blanca a una reja.)

Blanca
        ¡Conde, mi bien!

Conde (Aparte.)
                (El amor

trae una voz a mi pecho
que las nieblas ha deshecho
de mis dudas y temor.
　　Quien está su voz oyendo,
¿cómo puede estar dudando?
Quien su voz está escuchando,
¿cómo puede estar temiendo?
　　Antes que vuelva a mirar,
quiero ver si estoy dudoso,
porque en viéndola, es forzoso
adorar y no dudar.
　　Pensamiento, ¿hay gloria? Sí.
Corazón, ¿Hay dudas? No.
Vuelvo a ver quien me llamó.
Fuerza es amor, ya la vi.
　　Ya la vi, no hay que dudar.
Ya la vi, no hay que temer.
Agora, agora placer,
es el tiempo de llegar.)

Blanca　　　　　　　¿Cómo me negáis favores
si mi propia furia os toca?
Encerrada estoy por loca
y no por vuestros amores.
　　Mi dueño, amor es acuerdo
que no es locura el amar,
ni loca se ha de llamar
quien por vos el seso pierde.
　　Furia me dio la ocasión;
quejas me dio el sentimiento.
El que siente mi tormento
ése solo está en razón.

Conde　　　　　　　Cobrando la vida voy;

52

darme quiero el parabién.
¿No estás loca?

Blanca
                        No, mi bien,
aunque en no estarlo, lo estoy.
   La que come el corazón
de una hija, estará cuerda
cuando más el seso pierda,
que los otros locos son.

Conde
                ¿Qué enigmas son éstas? Di.
¿Qué corazón has comido?

Blanca
                ¿Luego no me has entendido?

Conde
                Mi bien, lo que presumí
   es tal que no pienso en ello.
Cosa es, tan atroz, que hallo
que soy cruel en pensallo.
¡Mira qué fuera en creello!

Blanca
                Presume, pues, un rigor
sin ley, sin razón, sin uso.
La infanta en la mesa puso
la vida de Blancaflor.

Conde (Aparte.)
                (Aquí animarla conviene;
consolarla es menester.)
¡Ah, miserable mujer,
qué justas querellas tiene!
   Un corazón generoso,
Blanca, no se ha de vencer
del pesar, ni del placer.
Caso ha sido lastimoso;

pero no se ha de sentir
de modo que parezcamos
que de razón nos privamos.
El valor está en sufrir
   los golpes de la fortuna
con un rostro al mal y al bien.
Vida los cielos nos den
que al fin la de ambos es una
   que venganza habrá y consuelo.
Callen, señora, las quejas.
Sale de prisiones y rejas.
Finge gusto, alegra el cielo
   de tus ojos y entretanto
dame una mano.

Blanca   Y así
harás, esposo, que en mí
cesen las penas y el llanto,
   porque entre glorias y enojos
mi corazón, más ufano
con la gloria de la mano,
no dará llanto a los ojos.

(Dadas las manos.)

Conde   Los brazos habemos hecho
un pasadizo de amor,
por donde pase el valor
de mi pecho hasta tu pecho
   que por las líneas y venas
darás fuerza al alma mía,
para templar la alegría,
para moderar las penas.

Blanca	Pues si tú estás consolado, y uno nos hizo el amor, decir podré a mi dolor que la mitad me ha faltado.

(Vase.)

Conde	Vete, y cesen tus enojos. Prisa le di que se fuera porque asomadas no viera las lágrimas a mis ojos, que, como las reprimían los esfuerzos que yo he hecho recogiéronse en el pecho y ya de golpe salían.

(Sale el Rey.)

Rey	Conde, tu tristeza es mucha. Esas lágrimas, ¿qué son?

Conde	Pedazos del corazón.
	Rey cristianísimo, escucha:
	   Tu padre, gran señor, de qu en blasona
	el mundo que sus hechos son divinos,
	y en dos águilas puso una corona
	de los imperios griegos y latinos,
	la vida de Carloto no perdona
	por la muerte cruel de Valdovnos
	porque con ser piadoso y ser cristiaro`
	imitó la justicia de Trajano.
	   Imagen eres suya, y rasgo breve
	de Dios llaman al rey algunos sabios,
	porque en balanzas siempre iguales debe

pesar, sin excepción, nuestros agravios.
Aquí pasma la lengua, y no se mueve,
temiendo que al abrir mis tristes labios,
el cielo ha de tronar y sentimientos
han de hacer a mi voz los elementos.

Blanca sin tu licencia era mi esposa.
Quisímonos los dos secretamente,
y así de nuestro amor nació una rosa
de quien albas serán eternamente
mis ojos. Era flor, la más hermosa
que en los felices campos del oriente
a la risa y albor de la mañana
sus ojos desplegó de nieve y grana.

Pequeña estrella fue que apenas hace
vislumbres cuando expira en el ocaso;
fuente que en la ribera del mar nace
que vida y nombre pierde al primer paso;
jazmín que sin verdor y pompa yace
al trasmontar el Sol. ¡Oh duro caso!
Corto vivir le destinó la suerte
pues que nació en los brazos de la muerte.

La infanta pues... ¡Oh cielos! ¿Quién diría
que tan rara beldad fuera inclemente?
Mas si la injuria lastimosa es mía,
¿quién fuera menos que ella el delincuente?
La infanta pues, señor, fue noche fría
que marchitó el jazmín. Fue el oriente
que la estrella eclipsó, y el mar ha sido
donde expiró el cristal recién nacido.

Añadiendo un portento a otro portento,
a comer se la dio. ¿De quién se escribe
que dé en un plato un corazón sangriento
pareciendo su mesa de un caribe,
que el viviente sea bárbaro alimento,

de la misma de quien el ser recibe,
que vuelva al centro de quien ha nacido
sepulcro haciendo lo que cuna ha sido?
   ¡Oh prodigio! ¡Oh rigor! Que no te creo
si bien a costa de mis propios males
te admiro, toco, siento, lloro y veo.
Si a furia tan atroz, si casos tales
negaréis la venganza que deseo,
apelaré a los rayos celestiales,
flechas del arco con que Dios nos tira
cuando levanta el brazo de su ira.

Rey   ¿Qué te podré responder?
Porque tal atrocidad,
a no ser tú su verdad,
no se pudiera creer.
   Rigor y enojos prevengo
y no sé cuál es mayord:
o la causa del rigor
o la cólera que tengo.
   Considerarlo conviene.
Prudente demostración
pide tan fuerte ocasión.
Vete, que la infanta viene.

(Vase el Conde y sale la Infanta.)

   Viendo, infanta, que ha salido
el conde Alarcos de aquí,
de verme enojado a mí
la causa habrás entendido.
   Cerrar quiero. No es razón
que descompuesto me vean
y que partícipes sean

los hombres de tu traición.

Infanta (Aparte.)   (Tengo condición tan fiera
que no sentiré desmayos
aunque fulminase rayos
contra mí la cuarta esfera.
   No he de negar mi rigor,
y fingir pienso mi culpa;
que está en mi misma disculpa
el remedio de mi amor.)

Rey   Dime, bárbara imprudente,
¿refiérese acción tan fea
de Circe ni de Medea?
¿Muerte das a una inocente?
   ¿Qué te ha movido, cruel,
a tan loca tiranía?
Tú no tienes sangre mía
en ese pecho si en él,
   desterrada la piedad,
vive furioso rigor.

Infanta   Templa el enojo, señor,
yo te diré la verdad.
   Yerros fueron por amores.
Amé al conde Alarcos.

Rey   Di.

Infanta   Entró en mi cuarto y allí
recibió de mí favores.
   Casóse, halléme perdida.
Negóme, halléme celosa.
Vi a Blanca, halléme envidiosa.

Sentílo, halléme atrevida.
    Pensé aquella tiranía,
Ricardo la ejecutó,
y por eso se ausentó.

Rey   ¡Gran castigo merecía!
(Aparte.)   (Mayor es ya mi cuidado
y mis dudas son mayores.
¿Teniendo el conde favores
de la infanta, se ha casado?
    ¿Si ha fingido ésta su amor,
y contra sí misma miente?
Que quien mata a un inocente
matará a su mismo honor.
    Mas no; que en humano pecho
nunca hay furia tan cruel
cuando no entraron en él
un agravio y un despecho.
    El alma tengo turbada.
Por divertirme abriré.)

Infanta (Aparte.)   (Di a entender lo que no fue.
Creyólo. Estoy disculpada.
    Mis favores no ha admitido
el conde. Desprecios son
los que siente el corazón,
que el honor no está ofendido.)

(Vase. Salen el Marqués y el Conde y Blanca.)

Rey   ¡Hola!

Marqués   ¿Señor?

Rey	¿Quién responde?
Marqués	Yo, porque de guarda soy.
Rey	Yo, marqués, al campo voy. Prevenid la caza. Conde, muy mala cuenta habéis dado de mi amor y mi privanza.
Conde (Aparte.)	¡Ah, señor! (Esta mudanza dice que soy desdichado.) ¿Quejas y enojos conmigo? ¿Yo de serviros? ¿En qué?
Rey	Seguidme y os lo diré.
Conde	Siempre con el alma os sigo.
Blanca	Miradnos, señor, con ojos de más piedad a los dos.
Rey	Entiendo, Blanca, que en vos han de dar estos enojos.
(Vase.)	
Blanca	¿Qué es esto, conde?
Conde	No admira esto al prudente varón que sabe la condición de la Fortuna. Quien tira al cielo flechas, ¿qué espera, si es que forzoso ha de ser

que cuando vuelva a caer,
en la cabeza le hiera?
De la infanta hablé quejoso;
mis flechas caen amagando
porque esto sucede cuando
se quejan de un poderoso.

Blanca   Señor, dejar a palacio
será vivir en quietud,
salir de esta mal salud;
y será vivir despacio.
El enojo del rey pase.
Del fuego decirse suelo:
«Ni tan lejos que te hiele
ni tan cerca que te abrase.»
Retirémonos, amigo,
que pienso que aún es mejor
su hielo que su calor.
No habrá soledad contigo
en un monte para mí.

Conde   De que yo a tu cuarto entré
y tus favores gocé
y de que tu esposo fui
sin su licencia, procede
este rigor de sus ojos;
mas decir que sus enojos
han de dar en ti, ¿qué puede
significar?

Blanca   Dueño mío,
éste es palacio cruel;
huyamos agora de él.

Conde	¡Adiós, mar; adiós, bajío donde encalla toda nave! ¡Adiós, veneno gustoso, encanto dulce! ¡Dichoso quien de ti escaparse sabe!

(Vanse. Salen Ricardo, de labrador, y Tirso.)

Ricardo	Aquí, Tirso, en efecto con este traje y con llamarme Fabio, vivir pienso secreto, huyendo como sabio el rigor de una infanta que aún a las fieras de ese monte espanta.
Tirso	¡Dichoso tú, Ricardo, que desengaños de palacio tienes! Yo tus secretos guardo; seguro estás, pues vienes temiendo esos enojos y rigores, a vivir entre humildes pescadores.

(Sale Gil.)

Gil	Ninguno venga a quitarme hasta que yo los avise, pues ser desdichado quise.
Tirso	Gil, ¿adónde vas?
Gil	A ahorcarme.
Tirso	¿Tal maldad quieres hacer?

Gil	¿No he de estar desesperado de tantos siglos casado?
Ricardo	¿Cuándo te casaste?
Gil	Ayer. La condición de Bartola ha de hacer que muera o huya.
Ricardo	¿Qué condición es la suya?
Gil	Gusta siempre de estar sola. Siempre me está regalando. Callando está todo el día. No dice esta boca es mía y hace cuanto yo la mando. Si la vido no me quito, ¿quién podrá sufrir tal pena?
Ricardo	¿Pues esa mujer no es buena?
Gil	¿Y el ser propio no es delito? Por ser buena aguardé a hoy el ahorcarme; que a ser mala, me ahorcara ayer. Un árbol buscando voy que me convida y anime.
Tirso	Vuelve a pescar, mentecato.
Gil	Déjenme colgar un rato; veré si Bartola gime.
Ricardo	¿Después de muerto has de vella?

(Sale Bartola al paño.)

Bartola   ¿Bamboleas, Gil?

Gil   Aún no.

Bartola   ¿Aún no te has colgado?

Gil   Yo
                 se la d[aré] de dos a ella.

Ricardo   Lazos del demonio son.

Gil   Digo que soy infelice.
                 Habiéndola visto, dice
                 que yo no tengo razón.

Tirso   El río está sosegado.
                 ¡A pescar! Deja de extremos.
                 Trae, Bartola, aquellos remos
                 de ese barco que está atado
                 en esa margen florida.
                 Trae tú la red.

Gil   En efecto,
                 no me ahorco.

(Vanse los tres.)

Ricardo   ¿Qué discreto
                 no busca esta simple vida?
                 Con miedo de la cruel
                 infanta a este campo vengo,

donde amor de padre tengo
a una flor. ¿Mas no es aquél
el rey? Sí, y el conde Alarcos
le sigue. Mucho sintiera
ser conocido. Si hubiera
retirádome a esos barcos,
más seguro estaba. Así
me pienso disimular.
Dejarlos quiero llegar.

(Salen el Rey y el Conde.)

Conde   Ya me tienes, rey, aquí.

Rey   Vete, villano.

Ricardo   Sí, haré.
(Aparte.)   (Esto, ¿qué misterio esconde?
                   Demudado viene el conde.
                   ¡Oh, quién supiera de qué!)

(Vase.)

Rey   Saca la espada.

Conde   Señor,
                   para rendirla a tus pies,
                   bien está como la ves.

Rey   Delitos contra el honor
                   y contra la autoridad
                   de mi persona, no es ley
                   castigarlos como rey.
                   Depongo la autoridad.

Saca la espada.

Conde
        La vida,
rey, es tuya. De esta suerte
me tiene de hallar la muerte.
No hay defensa que lo impida
que el rey al hombre leal
no hace injusticia ni agravios,
y así es solo en los labios
la defensa natural,
no en las manos. No me toca
resistir esta violencia.
Solo, si me das licencia
habrá defensa en mi boca.
De los enojos que sientes.

Rey
      Tales, ¡oh, traidor!, han sido
que a estos campos me he venido
con asombros de las gentes,
y aún diciéndolos aquí,
de las fieras y las aves
tendré vergüenza. Bien sabes
la causa.

Conde (Aparte.)
        (¿Porque me vi
con Blanca en su cuarto han sido
sus enojos? Bien despacio
los recelé. Entré en palacio.
Es su prima. Fui atrevido.)

Rey
      ¿Cómo, osado, te atreviste
si respetar el valor
de mi sangre y el honor,
que es una deidad que asiste

como rayo de luz pura,
y diste pasos traidores
para gozar los favores
de aquella nueva hermosura?

Conde (Aparte.)   (Bien temí.) Señor, no puedo
negar que yo me atreví
y que la mano le di,
convencido en todo quedo,
pero discúlpame Amor.

Rey   Pues si la mano le has dado,
¿cómo, traidor, te has casado?

Conde   Por eso mismo, señor.

Rey   Tu delito castigaba
porque saberlo quería,
que hasta aquí no le creía.
Hablé como quien dudaba;
mas ya que lo confesaste,
mira tú qué debo hacer.

Conde   Errores de una mujer
y de un hombre a quien honraste
con tu privanza y amor,
si Amor lo supo causar,
bien se deben perdonar.

Rey   Quien su mano y su favor
mereció, y en su aposento
entró como falso amigo,
cuando quede sin castigo
de su loco atrevimiento,

¿cómo ha de satisfacer
en deshonor tan extraño?
Piensa el remedio del daño
que tú el juez has de ser.

Conde   Ni inconveniente ni yerro
pienso que hay. Tu majestad
no dé aquesta soledad
por castigo y por destierro.
Viviremos Blanca y yo
en esta aldea y esta casa,
mientras que tu enojo pasa.

Rey   ¿Cómo, si no se enmendó
el agravio, osas decir
que el enojo ha de pasar?
Esto se ha de remediar.

Conde   ¿Cómo?

Rey   Blanca ha de morir.

Conde   ¿Qué dices? ¡Válgame Dios
y válgame su piedad!

Rey   ¡Hola!

(Sale.)

Pescador   ¿Señor?

Rey   Barrenad
un barquillo de esos dos,
y llegadle a la ribera.

(Vase.)

Tú has de ser ejecutor
de este lícito rigor.
¡Pon en él a Blanca, y muera!

Conde

    Famoso rey que tuviste
famosos progenitores,
porque en serlo la grandeza
del ánimo se conoce,
a mis desdichas atiende.
Podrá ser que te reportes
que ruegos vencen a Dios
cuando fulminan rigores.
No es generoso valor
referir obligaciones,
pero la acción se disculpa
si es ingrato quien las oye.
El conde de Irlos, mi padre,
tus lirios y tus pendones
tremoló en Persia, y sus hechos
no habrá olvido que los borre.
Yo en las guerras de Alemania
inmortal hice mi nombre,
pero tengamos silencio.
Callad, lengua, que se corren
con la alabanza los ojos.
Duro trance es el que pone
a un magnánimo varón
en referir sus acciones.
Una vez, cuando vinieron
de los peligros de un monte
las Rosas de Ingalaterra
con lucidos escuadrones,
te vi en un trance sangriento,
amor es lince —perdonen

las águilas caudalosas—
más ve el amor, dando voces.
Animabas a tu gente
y con bizarro desorden
te empeñaste en tus contrarios,
error y aliento de joven.
Conocieron tus insignias,
y como suelen legiones
de solícitas abejas
embestir a los que rompen
la oficina donde labran
oro líquido, así corren
a embestirte los ingleses;
porque el fruto reconocen
de la presa, y tú, vencido
de ti mismo que no es bronce
el cuerpo humano, te viste
sin caballo y en prisiones.
Pero yo, como los rayos
que de cálidos vapores
en las nubes se engendraron,
haciendo que los aborte
su mismo impulso tronando,
me arrojé furioso donde
miré el confuso tropel,
y de allí con los favores
de mi amor y la fortuna,
en los hombros españoles
de un caballo te escapé
porque no haya dos que ignoren
la dicha debida a un rey.
¿Cuándo, dime, mortal hombre
dio vida, dio libertad
a un dios pequeño? Que dioses

son los reyes que de rayos
quiere Dios que se coronen.
¿Por cuál de estos beneficios
me mandas hoy, rey, que corte
como Parca inexorable
la vida dichosa y noble
de un ángel en hermosura,
unión de las perfecciones
que copió naturaleza
para admirar a los hombres?
No llegues a ser cruel,
rey famoso, aunque te enojes.
Los hombres particulares
pueden cometer traiciones,
homicidios y crueldades,
el rey no. Ejemplo nos pone
Dios en los mares y ríos:
que éstos apacibles corren,
y cuando las lluvias hacen
que su caudal fuerza cobre,
excediéndose a sí mismos
con vana soberbia rompen
los puentes de mármol tosco
y los márgenes de flores.
Inundan verdes campañas,
émulos del Nilo, donde
vimos fieras vemos peces,
porque así se nos antojen
pedazos de plata viva
que haciendo van caracoles
en las ondas. Pero el mar,
rey de las aguas, el orden
y la ley que Dios le puso
guarda siempre, y cuando montes

amenazan con trabucos
de cristal porque se asombren
sus márgenes y riberas,
vuelven sus ondas salobres
atrás, quebrando su furia,
y parece que se encoge
en sí mismo, respetando
los términos que le impone
la madre naturaleza.
¿Por qué no han de ser conformes
en costumbres mar y ríos,
rey y vasallos? ¿Qué enormes
delitos he cometido
para que mi acero moje
en sangre inocente sangre
que merece que la adoren
mis ojos como a deidad
de los celestiales orbes?
Blanca, que es preciosa joya
donde están fijas al tope
las virtudes, excediendo
diamantes y tornasoles
del cielo, ¿debe morir?
No, rey mío, no blasonen
con Falaris ni Diomedes.
¿Qué crueldades más atroces
se vieron? El rey cristiano,
¿Hay razón que no perdone
a la virtud y hermosura?
Ya se escribe de leones
que reprimieron sus garras
viendo a la sombra de un roble
una mujer que durmiendo
eclipsaba sus dos soles.

Fuera de que, en morir yo,
nos das tormentos mayores,
pues Blanca, viendo mi muerte,
es fuerza que sangre llore
hasta morir, distilando
dos almas, dos corazones,
y yo el apartarme de ella
he de sentir más que el golpe
de la guadaña fatal.
¿Para qué quieres que sobre
mi vida? Dame la muerte,
será piadoso renombre,
y danos vida a los dos.
Déjanos morir de amores.
Quizá estás mal informado.
No te ciegues, no te arrojes
a castigar y a creer,
que si el aliento de un hombre
suele manchar el cristal
los ampos y resplandores
bien podrá manchar la envidia
a la verdad. ¿No respondes?
¿No hay clemencia? ¿No hay piedad?
¿Así te vas? Pues mis voces
penetren cielos; que al fin
las orejas de Dios oyen
y su verdad permanece
aunque el cielo se transforme,
aunque se quiebren sus ejes,
aunque en las humanas cortes
andan rigores, envidias,
desdenes y sinrazones.

Rey   Dala en ese barco al río,

y serán ejecuciones
de mi rigor otros brazos
indignos de que la toquen.

(Vase y sale Blanca.)

Blanca   Conde, amigo, ¿qué tenías
que te sentí dando voces?

Conde   ¡Blanca infelice!

Blanca   Prosigue,
¿por qué callas? ¿No respondes?

Conde   Tú has de morir y yo mismo
he de ser —ioh, qué rigores!—
quien tu vida infeliz quite,
quien tu luz hermosa borre.

Blanca   ¿Cómo, señor, es posible
que amando yo no te acuerdes
de lo bien que me quisiste
si no de lo que me quieres?
Pues no te obligan, mi bien,
amor y gustos presentes,
oblíguente los pasados
más dichosos, más alegres.
¡Cielos! ¿Pues a tanto amor
ingratamente se debe?
Si es delito el adorarte,
ése he cometido siempre.
¿Tú me matas, dueño mío?
¿Tú pasas tan brevemente
del amor y las finezas

al rigor y a los desdenes?
Pasar de un extremo a otro
sin los medios, no se puede;
pasar de amar a matar
solo conmigo acontece.
Acuérdome que en mis brazos
repetiste muchas veces:
«Estos montes faltarán,
no el amor que el conde tiene.»
Muero acordándome de esto.
Memoria, no me atormentes,
y si eres sirena calla;
si eres basilisco duerme;
si eres cocodrilo ríe;
porque son contrarios fuertes
la voz, la vista y el llanto
para una vida inocente.
Los montes se están constantes.
¿Quién a mí me da la muerte?
Pero no es la culpa tuya.
Mis desdichas la merecen.
No sentiré yo el morir;
solo sentiré el perderte.
Que ya sé que es nuestra vida
en lo hermoso y en lo breve
vela que arde y se consume
con su misma luz. Claveles
que, con sus hojas de grana
y con sus listas de nieve,
a la aurora van rompiendo
aquella camisa verde,
viven mientras ven al Sol
y expiran cuando anochece.
La Fortuna viene en ruedas.

¿Qué mucho que dé vaivenes?
El tiempo camina en alas.
¿Qué mucho que el tiempo vuele?
La muerte corre la posta.
¿Qué mucho que presto llegue?
El tiempo, muerte y Fortuna
sin resistencia nos vence.
Yo subí para caer,
gocé para entristecerme,
florecí para secarme.
Pasó veloz por los bienes
para llegar a los males.
Caminé por el deleite
para dar en el tormento.
Humo soy y sombra leve,
pues nací para morir.
Quien esto sabe no teme.
Solo, señor, es razón
que me estremezca y que tiemble
de imaginar que mi fama
estas desdichas padece.
Los que ven que tú eres justo,
[..................... -e-e]
los que ven que eres discreto,
cuando matarme te vieren,
¿qué han de decir? ¿Que yo triste
culpada soy? Que lo piensen
no es maravilla. Yo misma
lo pienso. Que tú no puedes
ser injusto, ser tirano,
ser cruel, ser impaciente.
Sin duda que estoy culpada
y que mis ojos te ofenden
en no quererte, señor,

tanto como tú mereces.
Mátame, pues, si es tu gusto;
que no es bien que inobediente
sea a tu voz, y si lo he sido,
la dulce vida me cueste.
Solo, señor, te suplico
que no te cases ni yerres
segunda vez ya que yo
nunca pude merecerte.
Y si ha de ser con la infanta,
mira que es falsa y aleve
y tu sangre ha derramado
y estas acciones prometen
que no ha de quererte bien.
Tarde las injurias mueren,
porque teme quien las hace
y quien las recibe siente.
¡Mátame, pues! Mas, ¡ay triste!
El ánimo desfallece.
Vanos fueron mis esfuerzos;
la humana flaqueza teme.
¡No me mates, dueño mío!
¡Oh, si estuviera presente
aquel ángel que mataron,
porque pudiera valerme
intercediendo por mí!
Permíteme que me queje;
que yo otras armas no tengo.
Lágrimas son, que otras veces
llamabas perlas, y agora
llamarse corales pueden,
pues es sangre lo que lloro.
¿Que no puedo enternecerte?
¿Que no merezco obligarte

a mis voces? No se nieguen]
las piedades a mi llanto.
¡Oíd, esferas celestes,
unas quejas desdichadas!
Estremézcanse los ejes
en que estribáis las estrellas.
No brillen, no, rosicleres
sino sombras y tristezas,
y las nubes del oriente
no se tiñan de carmín.
Horror y luto nos muestren.
Los elementos se paren,
sus calidades se truequen.
Firme el aire, ande la tierra,
queme el agua, el fuego hiele,
pues se ha mudado un amante
que ha merecido laureles,
que es vencedor de sí mismo
para asombro de la gente.
Cielos, elementos, sombras,
volved por Blanca, que muere
injustamente a las manos
del que adoró y amó siempre.
Tened piedad, oh vosotras
mudas y sordas paredes,
que pienso que amenazáis
ruín, por parecerme.
Mas, ¿qué digo? Mas, ¿qué lloro?
¿Yo quejarme? ¿Yo valerme
de nadie contra mi dueño?
Dulce esposo, aquí me tienes.
No me quejo, no resisto.
Corta el cuello, el pecho hiere,
saca el alma, el vivir quita.

Goce el conde, Blanca pene.
Haz tu gusto, acabe el mío.
Mi luz vaya, tu luz quede.
Vivas tú, muera mi fama.
Dios te ayude, Él no me deje;
que a más allá del morir
ha de amar la que te quiere,
y mi amor ha de pasar
los términos de la muerte.

Conde   Tiemblo de escucharte y verte.
Cada lágrima es un rayo,
cada palabra un desmayo,
cada suspiro una muerte.
   Señora, violencia es
del rey, que me está mirando.
Ese barco está esperando
para ser tumba después.
   Entra en él. ¡Ay, dueño mío!
Quizá hallarán más piedad
tu inocencia y tu verdad
en el cristal de ese río.

Blanca   Yo obedezco. En despedida
tus brazos, conde, me den
agora el último bien
de mi desdichada vida.

Conde   Morir quiero, y el rigor
más tirano es el más justo;
no quiero morir de gusto
pues no muero de dolor.

Blanca   ¿Ya me niegas?

Conde
No es negarte;
que tu muerte siento así
y darte a ti por ti
no es dejarte, es adorarte.

Blanca
No quiero considerar
qué pasos son los que doy.
Pues que la muerte te doy
con razón podré animar
el alma que desfallece.
¿Qué desdichado se fue
al suplicio por su pie,
que este barco lo parece?

(Vase.)

Conde
¿Yo he de ser ejecutor
de esta tirana violencia?
Que en efecto es más decencia
si bien será más dolor.
A las aguas encomiendo
esta vida que me mata,
porque el alma me arrebata
con dulce gloria viviendo,
muriendo con tristes penas.

(Dentro Blanca.)

Blanca
¡Adiós, mi esposo y mi bien!

Conde
¡Favor, señora, te den
las aguas y las arenas!
Nubes, timbres de los vientos,

nubes que os rasgáis tronando,
¿para quién o para cuándo
guardáis los rayos violentos?

(Dentro Blanca.)

Blanca   Esposo, adiós.

Conde   Él te guía.
Ya la corriente furiosa
lleva el alma más hermosa.

(Dentro Blanca.)

Blanca   ¡Conde, amigo!

Conde   ¡Blanca mía!
[.............. -osa]
Vuelcos la barca va dando.
Ya, cielos, se va anegando
aquella temprana rosa,
   y ya entre la espuma fría
se apaga su Sol ardiente.
¿Para cuándo un rayo ardiente
guardas, sacra monarquía?
   ¡Sepulten a un desdichado
los cóncavos de la tierra!
Mas, cielos, ya le hace guerra
el viento fuerte y airado.
   Ya fluctúa, ya zozobra.
Ya se hunde, ya perece.
Ya el agua se ensorbece.
Ya entre sus ondas se ahoga.
   Ya murió. ¡Lance penoso!

Ya yo no quiero la vida
que la doy por bien perdida
en lance tan lastimoso.

(Dentro Blanca.)

Blanca   [¡Hola, ya me voy ahogando!]
            ¡Conde Alarcos, dueño, esposo!

Conde   ¡Qué trance tan lastimoso!

(Dentro Blanca.)

Blanca   ¡Adiós!

Conde   Ya se va anegando.
             ¡Oh, cómo la quise poco
            pues en acto tan esquivo
            la estoy escuchando vivo!
            Tras ella voy.

(Salen el Rey y la Infanta.)

Rey   ¡Tente, loco!
             Ya, en las ondas sumergida,
            falleció desdicha tanta.
            Dale la mano a la infanta.

Conde   ¿Esto más? ¡Estoy sin vida!
            ¿Cómo quieres que le dé
            mano que sangrienta está,
            cuando agonizando va
            el ejemplo de la fe?
            ¿A amor quieres, rey, unir

muerte y bodas? ¿Una mano
que fue verdugo inhumano
ha de querer recibir
la infanta?

Rey   ¡Dásela luego!

Conde   Aún vive Blanca.

Rey   No vive.
Llega y la mano recibe
de tu esposo.

Infanta   ¡Alegre llego!
Turbada de gusto voy.

(Danse las manos.)

Conde (Aparte.)   (Ésta es segunda violencia.
¡Paciencia, cielos paciencia!)

Infanta   Tuya soy.

Conde   Y tuyo soy.

Rey   Agora no me veáis
hasta que ordene otra cosa.
Vos desleal, vos celosa,
ambos enojos me dais.

(Vase.)

Infanta (Aparte.)   (Ya conseguí mi deseo.
Como yo esta gloria tenga

no hay desdicha que me venga.
¿Qué más bien? ¿Qué más trofeo?)

Conde (Aparte.)   (Aquél que no prevenido
recibe un golpe eminente,
parece que no lo siente
de puro estar sin sentido;
    mas al punto que le deja
la privación, vuelve en sí,
sobra el sentido y así
siente el dolor y la queja.
    En tu muerte fui perdiendo
el sentido, Blanca mía.
Entonces no lo sentía,
agora lo voy sintiendo.)

Infanta   Si a Blanca tus ojos lloran,
conde, ya tienes en mí
otra alma que vive en ti
y otros ojos que te adoran.

(Mirando hace dentro el Conde.)

Conde (Aparte.)   (¡Piadoso río, detén
la corriente, el curso enfrena!)

Infanta   Conde, basta ya la pena.
La infanta te quiere bien.

Conde (Aparte.)   (¿Si habrá muerto? Sí, que el río
corre soberbio y furioso.)

Infanta   Basta el sentimiento, esposo,
que será desprecio mío.

Vuelve en ti, despierta, escucha.
¿Cómo tu tristeza es tanta?

Conde   ¿Aquí estás?

Infanta   Y amando.

Conde   Infanta,
mucha es mi tristeza.

Infanta   ¿Mucha?

Conde   Pues no muero, poco ha sido.

Infanta   ¿No te consuela mi mano?

Conde   Perdí el bien más soberano.

Infanta   ¿No es mayor que el que has perdido
el que tienes? Tuya soy.

Conde   Yo de Blanca.

Infanta   Eso es desprecio.

Conde   El amor.

Infanta   Es ser un necio.

Conde   Pues no muero, sí lo soy.

Infanta   ¿No eres mi esposo?

Conde   Diría

de sí y no.

Infanta
¿Cómo, tirano?

Conde
Sí, porque te di la mano;
no, porque el alma no es mía.

Infanta
¡Tuya soy!

Conde
El rey lo ordena.

Infanta
¿Tendrás fe?

Conde
¡Con mi memoria!

Infanta
Si soy tuya, ¿qué más gloria?

Conde
Muerta Blanca, ¿qué más pena?

Fin de la segunda jornada

Jornada tercera

(Salen Ricardo y Blancaflor, con vaquero y sombrero.)

Ricardo

> Altos son tus pensamientos,
> hija, mira que te engañas.
> Las fieras de las montañas
> y las aves de los vientos
>   sigues, y con ansias tales,
> que has pretendido igualar
> del correr y del volar
> a todos los animales.

Blancaflor

> No soy, padre, inobediente.
> Solo a obedecerte aspiro;
> pero al monte me retiro
> porque me cansa la gente.

Ricardo (Aparte.)

> (El rey viene cada día
> a estos montes. No quisiera
> que alguno me conociera.)
> Voyme a pescar, hija mía.
>   Queda en paz.

[Vase.]

Blancaflor

> Si calidad
> —ioh, cielos!— me habéis negado,
> ¿Por qué no me habéis quitado
> la soberbia y vanidad?

(Salen Blanca, con un tabique de flores, y Silvio.)

Silvio

> Solo agradecerme puedes

el secreto; que hay también
respetos de hombres de bien
entre los barcos y redes.
     Esta Diana, a quien tienes
afición, te está esperando.
Quiero dejaros hablando.

(Vase.)

Blancaflor   ¡Oh, [Diana], a qué tiempo vienes!
                       Sin tu alegre compañía
                    triste es el Sol, seco el prado,
                    pena el gusto, el bien prestado,
                    muerte el vivir, noche el día.
                       Y tras esto no me quieres
                    porque, oyendo murmurar
                    que no eres de este lugar,
                    nunca me has dicho quién eres.
                       Sangre tienes principal
                    si no es villana malicia.

Blanca   Escucha, tendrás noticia
                    de mi bien y de mi mal.
                       En ese río que ves,
                    mi esposo, al rey obediente...
                    Pero agora viene gente,
                    ya lo contaré después.

(Sale la Infanta.)

Infanta   Ve, labrador, haz salir
                    las serranas a este prado,
                    que de un pesar y un cuidado
                    me pretendo divertir.

Blanca (Aparte.)	(¡Nuevamente soy perdida!
	Que es la infanta viva historia
	que me trae a la memoria
	las desdichas de mi vida.
	Es un espejo en que veo
	cifradas muchas congojas,
	y es un libro en cuyas hojas
	abismos de penas leo.
	Inmortal debe de ser,
	pues no me acaba el pesar.
	Segura puedo llegar.
	Mal me podrá conocer.)

Blanca (Aparte.)

    (¡Nuevamente soy perdida!
Que es la infanta viva historia
que me trae a la memoria
las desdichas de mi vida.
    Es un espejo en que veo
cifradas muchas congojas,
y es un libro en cuyas hojas
abismos de penas leo.
    Inmortal debe de ser,
pues no me acaba el pesar.
Segura puedo llegar.
Mal me podrá conocer.)

Bartola

¿Su reverencia ha llamado?

Pascuala

¿Qué quiere su señoría?

Infanta

Parecer serrana un día
en las flores que a este prado
    hacen rústicos tapetes.
¿De qué, serranas, vivís?

Bartola

Todas llevan a París
a vender sus ramilletes.

Infanta

    Llegaos, porque mi tormento
a voces ha de salir
del alma, o he de morir
porque si callo, reviento.
    Hoy en ese monte daba
sus quejas el alma mía.
Ni la fiera respondía
ni el ave me consolaba.

Los ecos las escucharon
y consuelo no me dieron,
que, como las repitieron,
el tormento me doblaron.

Blanca   ¿Quién duda que tenga amor
su merced, como solía?

Infanta   No es esa pasión la mía.

Blanca   Doyle albricias. Esta flor
tome por eso, que yo
que a nadie amara, quisiera,
y que un reino la flor fuera.

Infanta   Mi voluntad la estimó.
¿Quién dirá que puede ser
lo que mi alma padece
mirar a quien aborrece?

Blanca   ¿A quién puede aborrecer
la que tiene tal marido?

Infanta   A ése mismo tan villano
que en solo darme la mano
ser mi esposo ha parecido.

Blanca   ¿A villanas cuenta así
si misma pena y pasión?

Infanta   Sí, porque públicas son
y es alivio para mí.
Sentaos, porque entretenerme
quiero mirándoos hacer

ramilletes.

(Siéntanse.)

Bartola

          Bien decía
su reverencia, porque es
desdicha tener marido
a disgusto. Siempre habré
de experiencia, porque Gil
es una bestia, y ayer
la desdicha me mató
un asno que era el joyel,
y el marido me ha dejado.
Si la muerte ha menester
un pollino grande y bueno,
¿por qué me dejó, por qué,
el marido?

(Sale Gil.)

Gil

          Porque ha de ir
delante la burra, y si es
Gil malo y Bartola buena,
los dos mentimos a fe.

Bartola

¡Ay de mí, que me ha escuchado!

Infanta

¡Vete, necio!

Gil

          No están bien
sin gallo tantas gallinas.

Infanta

Divertidme. Cantad, pues.

(Cantan haciendo ramilletes.)

Todas   «En las selvas de París
sigue las fieras el rey,
Adonis es de los montes,
Marte de los campos es.»

(Salen el Rey y el Marqués, y quédanse a la puerta.)

Marqués   Con las serranas está.

Rey   Y aún una de ellas, Marqués,
es la que vengo siguiendo
y es la beldad que el pincel
de Malgesí dibujó
con su mágico saber
en el fantástico espejo
y en mi mente conservé
casi tres lustros. Y agora
pienso que mis ojos ven
trasladado del cristal
el rostro en que imaginé,
con tal afecto y memoria
que al volar o que al correr
de los años, no he podido
apartarme un punto de él.

Marqués   Sabré quién es. ¡Ah, villano!

Gil   ¡Ah, jodío!

Marqués   Siempre fue
descortés vuestra malicia.
Decidme, amigo, ¿quién es

	la serrana de las plumas?
Gil	Es, señor, una mojer.
Marqués	¿Qué mujer?
Gil	Mujer del mundo.
Marqués	¡Calla, bestia!
Gil	¿Había de ser del cielo? ¿Todas no son de este mundo? Llevensé si se han de llevar alguna la que está [cabe] ella.
Marqués	¿Quién es ésa? Di.
Gil	Mi velada, con perdón de su mercé, y grande gusto me hacían.
Rey	¿Quién es la hermosa?
Gil	No sé más de que salta por montes, como una cabra montés, tras los conejos y gamos. Su marido pienso ser.
Marqués	¿No eres casado?
Gil	Señor,

que me forzó alegaré,
una abuela que tenía,
y catadme viudo, que es
el remedio.

Rey
                      ¡Oh, quién pudiera
hablarla de espacio y ver
desde cerca su hermosura
que en la memoria copié!

Marqués   Retírate.

Rey
                      ¡Amor, no flechas
tan osado y descortés
tus flechas sin ver la mano
que vibra el arco cruel!

(Vase.)

Voces
                      ¡Ataja, ataja! Que un gamo
se va despeñando al río.

Blancaflor   Éste es ejercicio mío,
nueva Diana me llamo.

(Vase. Levántanse todas.)

Infanta
                      El rey sin duda sería
quien hirió en el monte gamos.

Pascuala   Vamos, pues, a verle.

Bartola   Vamos.

Gil   Hartos vemos cada día.

(Vanse.)

Blanca   El conde viene. ¡Ay de mí!
                       ¡Cuánta envidia y cuánto amor
                       me ha renovado el temor!
                       Escucharlos quiero aquí.

(Sale el Conde por la puerta de la Infanta y ella se vuelve, y Blanca se
esconde entre unos ramos.)

Conde   No tienes que retirarte,
                       espera. Daréme muerte
                       porque yo no vengo a verte,
                       infanta, para adorarte,
                       sino a morir con mirarte;
                       porque esto mismo es decir
                       que te aborrezco, y vivir
                       no debe aquél que perdió
                       a Blanca. Y por esto yo
                       te busco para morir.

Infanta   Ya se ha visto. Y pudo ser
                       que alguna de amores muera,
                       mas yo seré la primera
                       que muere de aborrecer.
                       Y por no darte placer,
                       verme no pienso dejar.
                       Si el verme te ha de matar,
                       por matarte, no te mato,
                       y por esto quiero, ingrato,
                       que viva a mi pesar.
                          Nunca has borrado del pecho

la que primero adorabas,
y una espada atravesabas
entre los dos en el lecho.
Y con esta espada has hecho
que en mí haya sido mayor
el olvido que el amor;
porque es, si da la mujer
que quiso en aborrecer,
quinta esencia del rigor.

Conde   Si una espada atravesé
en tu lecho, no soy mío,
ni tengo libre albedrío
después que a Blanca miré.
Murió, mas no la olvidé.
Tu esposo ni tu galán
puedo ser, y así dirán
que es bien que una espada fiera
nuestros cuerpo dividiera
como las almas están.
   La mano te di, forzado;
no te he dado el corazón
porque es el tuyo león
que dos vidas me ha quitado.
Hija y mujer me has robado.
Mi deudora eres, y así,
queriendo hallarlas en ti
can soy de fe singular,
que voy y vengo al lugar
donde mi dueño perdí.

Blanca (Aparte.)   (Cualquier pesar me divierta,
como yo no tenga celos.
¡Al fin me han hecho los cielos

dichosa después de muerta!)

Infanta

En quererte mal acierta
como el alma es racional,
que eres traidor desleal.

Blanca (Aparte.)

(Miente, Infanta, tu mal gusto,
que le quieras mal es justo,
mas no que le trates mal.)

Infanta

   ¿Viste cuánto han amado los mortales?
¿Viste cuánto dictó cada elemento
del hermoso zafir del firmamento,
abismo de los rayos celestiales?
   Arenas, flores, plantas, animales,
comparados al odio que yo siento,
son átomos del Sol, puntas del viento,
en número y grandeza iguales.
   Tal es mi aborrecer, que ni lo creo
ni lo puedo explicar porque es de suerte
que vida y muerte veo si te veo;
   y aunque es verdad que yo para no verte
apetezco morir, también deseo
la vida para más aborrecerte.

Conde

   Más te aborrezco yo, pues en el prado
donde nacen tal vez hermosas flores
no introducen espinas ni rigores
como en aquél que abrojos ha llevado.
   Los dos somos así, tu pecho airado
campaña ha sido que produjo amores,
y mis desprecios han de ser mayores
que estérilmente fui mármol helado.
   Forma no se introduce fácilmente

97

donde otra alguna vez se ha introducido,
tarde el amor aborrecer consiente.
No quise, aborrecí. Tú me has querido.
Ser tuvo lo que fue y es evidente
que nunca tuvo ser lo que no ha sido.

Infanta   La muerte del amor no es el olvido
pues yo siento por ti...

Conde   Yo por ti siento...

Infanta   ¡Penas!

Conde   ¡Desdichas!

Infanta   ¡Mal!

Conde   ¡Rabias!

Infanta   ¡Tormento!

(Vanse.)

Blanca   Aliente mi confianza
y no del todo se aflija,
pues quien me mató una hija
me da vida a una esperanza.

(Vase y salen el Rey, [Blancaflor] y el Marqués.)

Rey   Detén el curso; que igualas
al viento de más rigor
y parece que mi amor
te va prestando sus alas.

Blancaflor	De Diana, que es luz pura,
	tengo el hombre y condición;
	esquivos mis ojos son.

Rey	También tienes la hermosura.
	Solo decirte pretendo
	el amor más singular.

Blancaflor	¡Qué le tengo de escuchar
	si habla en lengua que no entiendo!
	¿Qué es amor?

Rey	Una verdad
	que nos roba el corazón,
	oscurece la razón
	y ciega la voluntad.

| Blancaflor | Enigmas son para mí. |
| (Aparte.) | (Presto el amor le ha vencido.) |

Rey	Aún antes de haber nacido
	pienso que tu rostro vi.
	Años ha que a la razón
	el uso estás usurpando,
	y siempre estuve adorando
	mi propia imaginación.

(Sale el Conde.)

| Conde | Señor, un montero avisa |
| | que puedes ir a tirar. |

| Rey | ¡Vete, conde! Porfiar |

debe el alma, y es precisa
  su defensa. Tuyo soy.
Quitarte pienso la rosa
del cabello, ingrata hermosa.

Blancaflor   ¿Qué importa si no la doy?

Conde (Aparte.)   (¡Qué extraordinaria hermosura!
Con atención me ha llevado
tras los ojos el cuidado.
Honesto amor y fe pura
  le he cobrado. Efectos son
ocultos de las estrellas,
porque siempre nos dan ellas
impulsos de inclinación.)
    ¿Qué haces, señor? ¿Corresponde
a rey cristiano, a rey justo?

Rey   ¿Nunca sabéis darme gusto?
Mi gracia perdisteis, conde.

Blancaflor   Quiérate el cielo guardar,
y nunca te deje ver
las espaldas del placer
ni la cara del pesar.

(Vase.)

Rey   Su amante me ha parecido.

Marqués   De él mismo lo has de saber,
que el modo de responder
dirá si celos han sido.

Rey
Conde, prometo a los cielos
que son vuestras demasías
o locuras y porfías
del amor. ¿Estos son celos?
Decid.

(Sale Blanca por las espaldas del Rey sin que la vean el Marqués ni el Rey.)

Blanca (Aparte.)
(Al conde deseo
ver o hablar si solo está.)

Conde
(Aparte.)
Prometo, señor, que ya
quise vencer... (¿Mas qué veo?
¡Oh, soberana ilusión!
¡Oh, celestiales antojos!
Todo el corazón es ojos,
toda el alma es corazón!)

Rey
¿Cómo impides sin temor
mi gusto?

Conde (Aparte.)
Señor.. (¡Ay, cielos!
Blanca es viva.)

Rey
¿Fueron celos?

Conde
No... Sí... mas yo...

Rey
Esto es amor.

Blanca (Aparte.)
(Agora no hay ocasión.)

(Vase.)

Conde (Aparte.)   (¡Ay, si es ella!)

Rey   ¡Qué bien toco,
que estás celoso y aún loco!

Conde   Señor, si fuese ilusión
debió de ser de mi pena.

Rey   Tus celos fueron extraños.

Conde (Aparte.)   (¡Oh, dulcísimos engaños!)

Rey   Tu mismo amor te condena,
pues con celos ha perdido
mi respeto tu osadía.
La serrana ha de ser mía.

Conde   Yo, señor, no la he querido
ni la he visto sino aquí.
Un secreto impulso fue,
quizá nacido...

Rey   ¿De qué?

Conde   De estimarte tanto a ti,
que todas las ocasiones
he procurado estorbar
en que pudieras manchar
tus católicas acciones.

Rey   Cuando vuelto en sí se halla
sin turbación el sentido,
lo niegas. Amor ha sido,
no lealtad.

Conde	¡Gran señor!
Rey	¡Calla! Marqués, sabedme quién es padre de aquella hermosura. No es leal quien no procura servirme como el Marqués. Por esto y por la aspereza con que a la infanta tratáis, cada día mi obligáis a que os corten la cabeza.

(Vase.)

Conde	Pluguiera a Dios ya acabaran
	tantas desdichas, supuesto
	que en el sepulcro o en esto
	las pompas del mundo paran.
	    Seguir quiero la villana
	que mi Blanca parecía.
	Mas... ¡Oh, loca fantasía!
	¡Imagen del sueño vana!
	    ¿Tales errores percibo?
	¿Tales imposibles creo?
	Engaños son que el deseo
	causa al hombre pensativo.

(Canta Gil dentro.)

Gil	«De amores del conde Alarcos pensativa está la infanta, y a su mujer mata el conde porque el rey se lo mandara.»

Conde   ¡Caigan sobre mí desdichas!
                         ¿Mi mal los villanos cantan?
                         [...........]
                         ¡Rústico villano, calla!

(Canta.)

Gil   «El conde temiera al rey.
                         Pusiérala en una barca.
                         A las aguas la encomienda,
                         y con otra se casara.»

Conde   ¡Calla, villano!

(Gil asómase al paño y vuélvese a entrar.)

Gil   No quiero
                         porque es mía la garganta,
                         y las coplas son del cura.
(Canta.)   «Pensativa está la infanta,
                         a su mujer mata el conde,
                         porque el rey se lo mandara...»

Conde   ¡Calla o daréte la muerte!

(Vuélvese Gil a asomar y sale, y da una vuelta al tablado con el último verso,
cantando.)

Gil   Yo no digo mal de nada,
                         sino de este conde Alarcos,
                         y del rey y de su hermana,
                         y de todo el mundo. Deje
                         que sin perjuicio vaya

holgándome por el campo.
«...porque el rey se lo mandara.»

(Vase.)

Conde

            ¡Vive Dios, que pues me acuerdas
mi desdicha que esta daga
te he de tirar!

(Vuélvese Gil a asomar tres o cuatro partes, cantando «porque el Rey se lo mandara».)

Gil

                    ¡Guarda el loco!

Conde

            ¡Sí lo estoy, que no me infamas!
¿Hasta cuándo he de vivir?
Tiempo viene y años pasan,
desdichas y más desdichas,
y ninguna de ellas mata.

(Sale Blanca.)

Blanca (Aparte.)

            (Aquí está el conde. ¿Qué temo
pues aborrece a la infanta?
Temo que el mucho placer
el corazón sobresalta;
no he de llegar de repente,
y así quiero entre estas ramas
atender a sus tristezas
y mirar en lo que paran.)

(Escóndese.)

Conde

            ¡Que no tenga yo consuelo!

Que siempre la muerte tarda
cuando un triste la desea.
Estos montes y campañas,
mudos testigos un tiempo
de mis glorias soberanas,
serlo debieran agora
de muerte tan deseada.
Por allí siguió una vez
mi bellísima Diana
las fieras de esa espesura
con hermosura bizarra.
Intrincado monte, ¿dónde
está la luz que adoraba
cuando en ti me dio favores,
cuando en ti me robó el alma?

Quien con veneno se cría,
nunca muere de veneno,
mal podrá, pues siempre peno,
matar mi melancolía;
porque solo a la alegría
mi veneno he de decir.
Luego no puedo morir
porque no me han de matar
las desdichas ni el pesar
y el placer no ha de venir.
Cuando en esta fuente vio
Blanca su rostro divino,
no andaba yo peregrino
también me miraba yo;
que como amor nos unió
Blanca en mí, yo en Blanca estaba.
Y así, cuando se lavaba,
el cristal de perlas puras

no mostraba dos figuras
pero dos almas mostraba.

(Sale Blanca.)   ¡Válgame Dios! ¿Quién diría
que tantas las fuerzas son
de vana imaginación,
de loca melancolía,
de mi propia fantasía,
de mi amante desatino,
que al espejo cristalino
con ilusiones y antojos
estén mirando mis ojos
el mismo bien que imagino.

(Escóndese Blanca.)   Bruto o niño quiero ser,
buscando lo que he mirado.
Por aquí no la he topado;
por acá la pienso ver.
¿Qué loco pudo creer
que esté viva una deidad
en aquesta soledad,
al cabo de tantos años?
Volvamos a los engaños;
no busquemos la verdad.

(Duérmese el Conde y sale la Infanta con venablo.)

Infanta   Todo cansa. Mas, ¿qué mucho
que el cazar me haya cansado,
si me cansó lo que he amado
y con mi memoria lucho
    para olvidar? Aquí veo
el objeto aborrecido,
y pienso que está dormido.
Quien tiene amor y deseo,
    quien a Blanca muerta adora,

¿puede dormir fácilmente?
¿Ojos dormidos consiente
loco amor? Solo está agora.
    Nadie me ve; mi venganza
y mi libertad consigo
si doy muerte al enemigo
que adoré sin esperanza.
    Así mis desprecio vengo
y mi desdicha.

(Sale Blanca.)

Blanca   ¡Ah, traidora!
No puede morir agora,
porque yo inmortal le tengo.
    ¡Despierta, conde, despierta!

Infanta   ¡Villana, morir mereces!

Blanca   No me ha de matar dos veces
su merced, que ya estoy muerta.
    ¡Ah, conde, esta tigre quiso
darte la muerte!

(Vase la Infanta escondiéndose al paño, y despiértase el Conde sin mirar a Blanca.)

Conde (Aparte.)   (Y lo creo.
Fingir quiero amor, pues veo
mi peligro en este aviso.)
    Villana, mientes. Si yo
amo y adoro a su alteza,
¿me ha de matar?

Infanta (Aparte.)   (La villana
                           me da mayores sospechas
                           y cuidado. Aquí la escucho.)

Conde   No en la fuente, no, en la idea
                           parece que estoy mirando
                           desatadas las potencias
                           de mi alma, y que eres tú
                           la voluntad.

Blanca   No lo creas.

Conde   ¿Quién eres?

Blanca   Un alma soy
                           que anda celosa y en pena.

Conde   ¿Celos tienes?

Blanca   Sí, que siento
                           que amor a la infanta tengas.

Conde   ¿Eres Blanca?

Blanca   Quien podía
                           amarte después de muerta.

Conde   ¿Y, en efecto, vives?

Blanca   Sí.

Conde   ¿Cómo escapaste?

Blanca   No sepas

mis dichas.

Conde   ¿Por qué, señora?

Blanca   Porque causas mis tristezas.

Conde   ¿Con qué?

Blanca   Con una palabras
que me matan.

Conde   ¿Cuáles eran?

Blanca   «¡Villana, mientes! Que yo
amor y adoro a su alteza.»
Pues esto escuché, no quiero
confesar que vida tenga.
Fantasma soy; pero no,
vida tengo. Infanta, vuelva
tu rigor a darme muerte.
Blanca vive. ¡Blanca muera!

Conde   ¡Calla, señora!

Blanca   No quiero.

Conde   Mi bien, calla.

Blanca   Infanta, espera.
Las ondas me perdonaron.
No me perdone tu fiera
condición.

Conde   ¡Oyeme, escucha!

Blanca	¡Déjame pasar y puedan seguirla mis pasos!
Conde	Dime...
Blanca	¿Qué he de decir? Otra senda buscaré para seguirla.
Conde	Tendréte también en ella.
Blanca	¿Qué me quieres?
Conde	Adorarte.
Blanca	¿Hablas, mi dueño, de veras?
Conde	Agora sí, pues que vives.
Blanca	Pues callo, y tengo paciencia.
Conde	¡Dame tus brazos!
Blanca	No puedo que estás casado.
Conde	¿Me niegas la vida? Pues yo seré quien con voces y querellas llame [a] la infanta. ¡Ah, cruel! ¡Mátame! ¿Por qué me dejas vivir, cuando a Blanca adoro?
Blanca	Ella lo hará cuando duermas.

Conde	Pues si no te obligo así... Querida infanta, ya esperan mis brazos favores tuyos. ¡Vuelva!
Blanca	Calla, que atormentas con eso mi vida más.
Conde	Tuyo soy, infanta. Deja que pase.
Blanca	¡No la has de ver!
Conde	¡Ah, infanta! ¡No me detengas!
Blanca	¡Calla!
Conde	¡Pues denme tus brazos albricias y enhorabuenas de tu vida!
Blanca	Eres ajeno.
Conde	Pues sigo a la infanta.
Blanca	¡Espera!
Conde	¡Déjame pasar!
Blanca	No quiero.
Conde	Déjame dar voces.

Blanca	Sean
	para llamarme.
Conde	Sí, haré,
	como tú me favorezcas.
Blanca	En efecto, ¿no la adoras
	como dices?
Conde	No.
Blanca	Pues, llega.
	Dame los brazos.
Conde	Y el alma.
Blanca	Vida es nueva.
Conde	Y gloria es nueva.

(Sale la Infanta.)

Infanta	Y nueva envidia la mía.
	No son celos sino tema.
	¡Muere, villana!
Conde	¡Ah, cruel!

(Sale el Rey.)

Blanca	¡Téngala, tío! Que tiembla
	de ella esta pobre villana.
Rey	¿Qué es aquesto?

Blanca   Que su alteza
            mataba a este hombre durmiendo.

Infanta   ¡Sacarte pienso la lengua!

Blanca   ¡Ténganla, tíos!

Rey   Promete
            esto tu mucha crueldad.

Infanta   ¡Miente!

Blanca   Yo digo verdad.

Infanta   ¡Ah, villana!

Blanca   ¡Ah, matasiete!

(Salen todos y Ricardo da un papel a Blanca.)

Ricardo   Ya, Blanca, os he conocido.
            Por si la infanta cruel
            me da muerte, este papel
            vuestra dicha os ha advertido.

Marqués   Aquí tienes a Diana
            y a su padre, y entendiendo
            que le mato o que le prendo,
            no hay en la selva villana
                que no la siga.

Rey   Yo aguardo
            saber quién eres.

Ricardo	Señor,
	soy un pobre labrador.

Rey	¡Vive Dios, que eres Ricardo!

Ricardo	Sí, lo soy.

Rey	Pues di verdad:
	¿quién es la luz soberana
	de la que llaman Diana?

Ricardo	Dígalo Blanca.

Blanca
                      Escuchad:
En un barco sin remos, navegando
esa corriente de cristales fría,
mis desdichas y yo nos vimos. Cuando
el nombre de mi esposo repetía
al peso de mis males vi temblando
las ondas. Su rigor no me ofendía,
y cuando al barco su cristal llegaba,
el fuego de mi amor las abrasaba.
  Vencido ya mi pecho de sí mismo,
el líquido cristal tragó a pedazos,
cuando en ansia mortal de un parasismo
topé de un pescador redes y lazos
que por sacarme del undoso abismo
puentes formó de sus piadosos brazos
por quien pasó mi alma agradecida
del margen de la muerte al de la vida.
  Tiene una aldea, pues, de esta ribera
por dosel ese monte y por espejos
el río, y su muralla en tiempos era

un soto de sabinas y de tejos;
y como están sus casas en ladera,
apartadas y pocas, desde lejos
parecen con el Sol y a su vislumbre
peñascos que han rodado de la cumbre.
    Allí viví en un tiempo disfrazada
y, cuando no temí ser conocida,
muerta y, después de muerta, enamorada.
Vivir y amar osé en Selva Florida
en quien de mis vasallos ignorada
el renovar memorias fue mi vida.
Aquí vi al conde, allí me dijo amores;
aquí me dio una mano, allí unas flores.
    Salió a estos montes, como aurora bella,
Diana, que les dio perlas y risa,
y ya por la virtud de alguna estrella
si despacio la vi, la amaba aprisa.
Agora sé que Blancaflor es ella.
Este papel sin lenguas me lo avisa,
que a decírmelo así lenguas que hablaran,
el sobresalto y gusto me mataran.
    La piedad de Ricardo, al acto fiero
usurpó su piedad esta garganta,
y el corazón y sangre de un cordero
expuso a los rigores de la infanta.
Si yo triste viví, alegre muero,
pues hallo en tanto mal ventura tanta,
y en dos muertes lloradas y creídas
tres almas, una fe, un amor, tres vidas.

Conde   Dame los brazos, Blancaflor.

Rey   ¡Detente!
A tu reina no pierdas el decoro.

(A Blancaflor.)	Dame la mano, porque ya en tu frente hermosos se han de ver los lirios de oro.
Blancaflor	Yo con la gloria que mi alma siente, la invicta mano de mi rey adoro.
Conde	Yo vuelvo a tu favor como solía.
Blanca	Y yo al dueño primero que tenía.
Infanta	El cielo os da su favor; no pretendo haceros daño. Rey, yo fingí aquél engaño. No me debe el conde honor.
Conde	Demos fin a una tragedia que resulta en mayor gloria, y si os agrada la historia, dad perdón a la comedia.

Fin de la comedia

Libros a la carta

A la carta es un servicio especializado para
empresas,
librerías,
bibliotecas,
editoriales
y centros de enseñanza;
y permite confeccionar libros que, por su formato y concepción, sirven a los propósitos más específicos de estas instituciones.

Las empresas nos encargan ediciones personalizadas para marketing editorial o para regalos institucionales. Y los interesados solicitan, a título personal, ediciones antiguas, o no disponibles en el mercado; y las acompañan con notas y comentarios críticos.

Las ediciones tienen como apoyo un libro de estilo con todo tipo de referencias sobre los criterios de tratamiento tipográfico aplicados a nuestros libros que puede ser consultado en Linkgua-ediciones.com

Linkgua edita por encargo diferentes versiones de una misma obra con distintos tratamientos ortotipográficos (actualizaciones de carácter divulgativo de un clásico, o versiones estrictamente fieles a la edición original de referencia).

Este servicio de ediciones a la carta le permitirá, si usted se dedica a la enseñanza, tener una forma de hacer pública su interpretación de un texto y, sobre una versión digitalizada «base», usted podrá introducir interpretaciones del texto fuente. Es un tópico que los profesores denuncien en clase los desmanes de una edición, o vayan comentando errores de interpretación de un texto y esta es una solución útil a esa necesidad del mundo académico.

Asimismo publicamos de manera sistemática, en un mismo catálogo, tesis doctorales y actas de congresos académicos, que son distribuidas a través de nuestra Web.

El servicio de «libros a la carta» funciona de dos formas.

1. Tenemos un fondo de libros digitalizados que usted puede personalizar en tiradas de al menos cinco ejemplares. Estas personalizaciones pueden ser de todo tipo: añadir notas de clase para uso de un grupo de estudiantes,

introducir logos corporativos para uso con fines de marketing empresarial, etc. etc.

2. Buscamos libros descatalogados de otras editoriales y los reeditamos en tiradas cortas a petición de un cliente.

·

www.ingramcontent.com/pod-product-compliance
Lightning Source LLC
La Vergne TN
LVHW091224080426
835509LV00009B/1164